QUESTIONS

SOCIALES ET FINANCIÈRES

PAR

M. GUSTAVE POUJARD'HIEU,

Sous-Directeur du Comptoir National d'Escompte de Bordeaux.

Tout se fait et doit se faire par une sorte de transaction dans les nouveautés politiques.

PENSÉES DE J. JOUBERT.

BORDEAUX,

IMPRIMERIE D'ÉMILE CRUGY,

Rue et hôtel Saint-Siméon, 16.

1849

QUESTIONS
SOCIALES ET FINANCIÈRES.

> Tout se fait et doit se faire par une sorte de transaction dans les nouveautés politiques.
>
> (PENSÉES DE J. JOUBERT.)

LA révolution de février a mis tout en question, même les opinions politiques. Les vieux partis ont semblé abdiquer leurs inimitiés et leurs convictions, et ils se sont ralliés sous une nouvelle bannière qui ne porte inscrit sur ses plis qu'un seul mot : *L'ordre*. L'ordre est nécessaire à la société comme l'air est nécessaire à la vie; mais l'air ne fait pas la vie, il est nécessaire seulement pour que la vie soit. L'ordre n'est ni une idée politique, ni une idée sociale, ni un parti. C'est, au-dessus des partis, cette harmonie supérieure qui permet, sans que la société en soit troublée, leur existence et leurs luttes. Conséquence d'un état de choses régulier et fonctionnant, cette harmonie est détruite lorsque cet état de choses est renversé et que les partis passent des luttes pacifiques aux luttes révolutionnaires. C'est le moment où nous sommes.

Mais, si la société réclame l'ordre qui est nécessaire à son existence, elle réclame, avant tout, un système pour fonder un état de choses qui soit sa vie même.

Ce n'est donc pas l'ordre, conséquence d'un système, c'est un système même que la société exige maintenant pour assurer l'ordre. Tous les partis doivent l'observer, ou le faire observer lorsqu'ils sont gouvernement; peu semblent destinés à l'établir. Nous sommes placés dans cette situation que dans les deux opinions qui divisent maintenant la France, celle-là est seule certaine de prédominer qui aura le meilleur système et satisfera le plus grand nombre d'intérêts légitimes.

Or, ayant constaté en principe l'union de ces partis qui semblent plus spécialement, par leurs éléments, avoir l'ordre pour but exclusif, lorsqu'il est déjà l'occasion de leur rapprochement, il nous a paru utile de rechercher vers quel système ils doivent tendre, s'ils veulent assurer l'ordre, maintenir leur prépondérance, et s'ils sont animés, comme nous n'en doutons pas, avant tout, d'un vif amour pour la France.

Pour entreprendre cette étude, il ne nous paraît pas superflu de rechercher les causes qui ont amené la révolution de février. On en a signalé de diverses natures, mais il en est certaines qui n'ont peut-être pas été indiquées et que j'appellerai volontiers les causes latentes de la révolution de février. Je vais les examiner avant de dire quels sont les moyens qui me paraîtraient propres à régulariser cette révolution.

Il n'est pas permis de contester l'étonnement dans lequel la France fut plongée par l'avénement de la République. Les républicains eux-mêmes en furent surpris. Mais, en constatant ce fait, on doit reconnaître aussi qu'elle fut acceptée par une sorte d'assentiment muet qui a été lui-même le sujet d'une profonde stupéfaction.

Le germe de cet assentiment était déposé depuis longtemps dans les plus intimes secrets de l'individualité de chacun.

Les idées de la première révolution s'étaient répandues, avaient été appliquées, et nous étions arrivés à leurs conséquences. Mises à l'œuvre depuis la paix, on était arrivé au moment de leur révélation dans les faits.

Mais on n'avait pas eu suffisamment souci de cette mise en pratique, et le gouvernement de juillet n'avait pas pris garde aux dangers que créait à la société cette expérience dont la nouvelle génération devait sortir ou victorieuse ou victime. Dans l'un ou l'autre cas, ses résultats devaient amener une profonde modification dans l'état social, et, malheureusement, les hommes qui se sont trouvés placés à la tête de la France, ont semblé ne pas en tenir compte.

Une des principales conséquences réalisées par la première révolution a été cette unité de l'éducation universitaire, qui satisfaisait toutes les vanités et ouvrait carrière à toutes les ambitions.

Cette éducation, fruit de l'émancipation politique de 89, préparait toutes les douleurs dont nous avons souffert, et toutes les révoltes dont nous avons été les instruments. Elle flattait cette passion de l'égalité, qui survit à tous nos désastres, parce qu'elle en est la cause.

Les hommes qui avaient trente ans en 1830, ceux qui avaient trente ans en 1848, élevés tous par des satisfactions de vanité pour le même but et avec les mêmes éléments, se sont trouvés étouffer à l'âge viril dans des carrières obstruées.

Accoutumés à cette vie facile que leur avaient faite les loisirs de leurs premières années; arrivés, avec des besoins factices de plus, à ce moment où la nécessité impose rigoureusement l'obligation d'agir par soi-même et de conquérir sa place dans le monde; ayant reçu une instruction, inutile par sa diversité même, qui les rendait jusqu'à un certain point propres à tout et bons à rien; irrités de leur stérilité, sans avenir qu'ils pussent prévoir, harcelés par des inquiétudes matérielles, incapables d'effort, épris de ce sort oisif dont on leur avait fait l'habitude, ils ont été amenés au terme d'une situation précaire dont l'issue était la médiocrité et le renoncement à ces rêves dorés dont tout jeune homme se berce. Alors ces jeunes hommes, pleins de regrets et vides d'espoir, ont saisi avec avidité un prétexte politique (qui devait leur donner un moyen d'arriver à quelque chose, en les faisant eux-mêmes, à l'abri du mot de *capacité,* une puissance élective), pour sauter les barrières et courir les aventures d'une révolution improvisée.

La France, occupée par sa prospérité même, développant son activité industrielle sur la plus vaste échelle, employant dans cette activité tous les bras laborieux et intelligents, appelant par mille séductions vers ces sources de la fortune tous ceux qui se sentaient la force pour lutter, la patience pour attendre, l'opiniâtreté pour vaincre, la sagesse pour maîtriser le sort ; la France, absorbée par cette prospérité inconnue qui l'enivrait à l'ombre de la paix, ne voyait pas que les ambitions inquiètes de la nouvelle génération minaient le sol sous ses pas.

Et cependant, pour ceux qui, vivant en dehors de l'agitation publique, suivaient les mouvements de l'esprit et la prodigieuse marche des idées, sans avoir un rôle dans le débat des passions humaines, les symptômes d'une perturbation prochaine étaient flagrants.

La littérature, qui, si elle n'est pas toujours la reproduction fidèle des mœurs, est toujours la représentation certaine des goûts et des tendances de la société, parce qu'elle ne vivrait pas si elle ne flattait ces goûts et ces tendances; la littérature, retraçant les plus mauvais jours de notre histoire avec un cynisme élégant et séducteur pour des imaginations jeunes et nouvelles, préparait ce moment où toutes les envies déchaînées, tous les appétits surexcités, toutes les avidités soulevées, devaient lancer la France dans les hasards.

Le journalisme empoisonnait l'esprit public dans des feuilletons qui n'avaient d'autre mérite que d'exalter les imaginations en entassant dans les dédales de péripéties sans fin les aventures les plus étranges, les personnages les plus hideux, les existences les plus purulentes. Les crimes, les sentiments les plus abjects étaient peints des couleurs les plus séduisantes, et les ignominies morales, personnifiées par un nom aux yeux de la foule, recevaient dans les mémoires surexcitées une sorte d'apothéose. Les célébrités néfastes effaçaient les illustrations les plus pures, et les voix qui parlaient des grands criminels imposaient silence à celles qui parlaient de nos gloires.

Au théâtre, hurlait, pour la distraction d'un public blasé, tout ce que les cauchemars de l'esprit peuvent concevoir de plus affreux.

Dans les tavernes, les habitués des tapis-francs, élevés à la hauteur de personnages dramatiques, renchérissaient sur leurs excès, et, maintenant qu'ils avaient des héros à copier, s'efforçaient de surpasser leurs modèles.

Dans les salons, où l'on prenait l'usage d'élégances que l'on ne devait pas avoir, où l'on concevait des désirs qu'on ne devait pas satisfaire; au milieu d'un monde plein de scepticisme et d'égoïsme, on s'efforçait de ramener les mœurs efféminées et honteuses de la régence. La jeunesse s'y laissait bercer par ces oisivetés qui détruisent tous les sentiments honnêtes, et conduisent aux horreurs de l'envie après avoir atrophié le cœur.

L'agitation industrielle elle-même offrant à tous ces esprits ardents des résultats immédiats, et que nul travail ne devait acheter, on vit se ruer, dans un pêle-mêle furieux, vers les entreprises industrielles, toutes les classes de la société avides des jouissances de la fortune.

Ainsi, la société française, agitée depuis quarante ans par les plus généreuses idées, par les plus nobles passions, usée à ce moment par le repos, renfermait toutes ses aspirations dans les sentiments égoïstes de chacun de ses membres, dont le principal souci était la satisfaction de passions personnelles pour lesquelles la fortune était indispensable. Et cette société française, qui avait été le modèle des beaux enthousiasmes, des actions chevaleresques, l'exemple du désintéressement parce qu'elle avait été celui de la bravoure et de la liberté, étant alors, en haut desséchée par l'égoïsme, en bas abrutie par le vice, dans les positions intermédiaires travaillée par l'envie et les désirs les plus effrénés, a laissé faire indifféremment la révolution de la cupidité.

Le mot est sinistre; mais lorsqu'on a dit à la tribune de l'Assemblée nationale: « La société veut jouir », on a défini la révolution de février, révélé son prétexte et son but.

La société veut donc jouir, et les nouveaux apôtres de cette doctrine réveillent tous les appétits, allèchent toutes les convoitises pour avoir des adeptes, et au besoin trouver des martyrs. Leurs prédications ont ébranlé les esprits ignorants, les cœurs faibles, et soulevé cette écume fangeuse qui croupit dans les bas-fonds de la nation et frappe d'un souffle délétère tout ce qu'elle touche.

Mais cette passion de la jouissance tue toutes les nobles passions. Car, comme l'a dit un homme dont il est impossible de qualifier le talent, tant ses lueurs sont lugubres (1) : « Jouir, » jouir sans cesse, jouir sans fin, telle est la misérable condi- » tion de ceux qui ne peuvent plus aimer. »

Ainsi, cette passion, que dominent les instincts de la brute, conduit à l'égoïsme le plus violent; et lorsqu'on a mis sur le drapeau de la République de février le mot *fraternité*, on a commis le plus effronté des mensonges!

Non, il n'est pas vrai que ce mot sublime de fraternité ait été le mobile de tous ces hommes soulevés par les turbulences

(1) M. Proudhon.

de la chair ! Les apôtres de la fraternité ont conquis le monde par la patience, par la douceur, par la pauvreté, par la foi, par la charité, par l'espérance. C'est par la violence que vous êtes, que vous fûtes et que vous serez ; votre charité est de l'égoïsme et vous n'avez pas même la foi de vos espérances !

On a voulu fonder dans une société flétrie un gouvernement qui repose sur la vertu. L'entreprise est séduisante pour les plus généreuses témérités. Elle a quelque chose qui tente le courage, et il est digne d'un grand peuple de faire un essai qui promet tant pour savoir enfin ce qu'il peut tenir. C'est pour cela qu'on a vu les esprits les plus distingués se mettre résolument à l'œuvre pour mener ce hasard à bonne fin. Il faut, pour le salut du pays, les aider consciencieusement dans cette œuvre, et c'est ce que nous proposons dans cet écrit.

On ne guérit pas un mal en le constatant. Il faut, lorsqu'il est reconnu, lui appliquer les remèdes nécessaires pour arrêter ses ravages ; mais, dans le régime général imposé au malade, il faut prendre garde à son état de maladie. Nous prenons la France telle qu'elle est.

Ses tendances sont matérialistes, et, bien que ce soit un désordre au point de vue philosophique, il faut en tenir compte, ainsi que fait le législateur, de tous les vices inhérents à la nature humaine, lorsqu'il fait des lois.

Comment les révolutionnaires de février ont-ils flatté ce penchant matérialiste? En s'appuyant sur les intérêts respectables de la population ouvrière. Ç'a été leur force et leur appui. L'ouvrier (et malheureusement je le dis avec tristesse, mais je le dis parce que je le crois), le mauvais ouvrier est le soldat de l'émeute. Les ambitieux, les hommes déclassés, les hommes improductifs et les écoliers sont ses chefs.

Je ne redoute pas les ouvriers : je les estime et je les aime. Je gémis sur les erreurs dont ils sont les premières victimes, et je dirai avec M. de Lamartine, à qui l'on prête ce mot pendant qu'il était membre du gouvernement provisoire : « Ce ne sont pas les blouses que je crains, ce sont les habits râpés. »

Les habits râpés, les envieux, les capacités incapables, voilà ce qui m'effraie. Ils veulent jouir, ils cherchent un lot, il faut leur en trouver un. Ce sont eux qui, au nom du travail et de l'oppression du capital, mots sonores aux oreilles des ouvriers, maintiennent l'agitation dans le pays. On doit s'efforcer de pourvoir au classement de ces affamés, et, si l'on parvient à les satisfaire, on aura détruit le principal germe du désordre.

Je reviens à l'ouvrier. Il est honnête, mais il est facile à entraîner dans de mauvaises voies, parce qu'il est ignorant. Il est la dupe des ambitieux de bas étage. Il croit au mensonge qui le flatte, parce qu'il n'a pas les lumières nécessaires pour découvrir la vérité. On a vu des ouvriers crier contre le luxe qui les faisait vivre, et ils ont nommé des sous-officiers pour représentants, parce que les sous-officiers s'insurgeaient contre l'épaulette, comme eux-mêmes s'insurgeaient contre le patron qui leur donnait du travail. Mais ce n'est pas de leur propre mouvement qu'ils ont commis ces mauvaises actions. Ils ont été les instruments aveugles de ceux qui ont intérêt à faire dominer l'erreur, pour amener ainsi l'insurrection de l'épaulette de laine contre l'épaulette d'or, du commis et de l'ouvrier contre le patron, du domestique contre le maître, des capacités indigentes contre les capacités productives, des médiocrités contre les supériorités. Source impure de tous nos malheurs, ouverte par la haine et alimentée par l'ignorance !

Quand je cherche des remèdes à la situation, je m'enquiers d'abord, en supposant que je les trouve, où je devrai les appliquer. Les ouvriers excitent une très-vive et très-légitime sollicitude ; on s'occupe déjà activement d'améliorer leur modeste sort, mais je ne vois pas qu'on songe aux hommes déclassés. Voilà cependant où est le mal et où il faut appliquer le remède. Il y a un très-grand danger à laisser ainsi ces vagabonds errer à l'aventure, car ils sont capables de tout.

Dans la reconstruction à laquelle doivent travailler tous ceux qui aiment la France, il faut avoir un souci permanent et principal de ces mécontentements impatients et farouches.

Ils se sont jetés à corps perdu dans ces doctrines abstraites que leur obscurité même laisse accommoder suivant les désirs de chacun. Ces doctrines, qui ne peuvent engendrer que des convictions flottantes, ont eu cependant pour préconiseurs des esprits décidés. Elles ont soulevé tous les mauvais instincts, parce qu'elles promettent satisfaction à toutes les convoitises, et semblé un instant menacer la société par leur irruption. Les passions du peuple les avaient acceptées ; son bon sens semble maintenant les repousser. Mais il serait imprudent d'oublier leur triomphe en face de leur défaite.

Les sociétés humaines sont toujours imparfaites, et il est toujours facile de signaler leurs imperfections. Elles ne marchent jamais assez vite, au gré des téméraires, vers ces améliorations, soit morales, soit matérielles, qui sont l'éternel souci du monde depuis qu'il existe. Prenons le soin de régler ces impatiences, et, dans les cris qu'elles poussent, emparons-nous de ceux qui trouvent de l'écho dans le cœur des hommes sages. Eh bien ! il est un cri qui domine l'agitation sociale et qui la résume, c'est celui de *Réforme*. C'est donc vers les réformes que l'attention doit se porter, et nous nous proposons d'examiner celles qu'il nous paraît utile d'entreprendre pour arriver à conjurer le retour de nos malheurs, en régularisant le mouvement des esprits.

Ce n'est que dans la rude discipline du travail que les intelligences dissolvantes pourront se régler. C'est donc vers le travail qu'il faut les pousser, et pour cela il faut agrandir son domaine et rendre ses conditions meilleures.

L'agriculture, le commerce et l'industrie sont le débouché le plus naturel et le plus certain à cette exubérance de la population instruite. Ce sont donc les conditions du travail agricole, commercial et industriel qu'il faut rendre meilleures, en agrandissant en même temps son domaine, pour qu'il satisfasse un nombre considérable de besoins.

Et lorsque nous avons dit en commençant que les partis unis devaient tendre vers un système pour assurer l'ordre, c'est à ce système des réformes, qui aurait pour effet d'employer toutes les forces inactives de la société, à ce système des réformes pour améliorer principalement les conditions de l'agriculture et du commerce, que nous voudrions les voir s'arrêter; car, qui a fait accepter la République? qui la soutient, qui l'agite? qui la ferait regretter? Ce sont les espérances qu'elle a données.

Nous allons donc voir quelle est la situation de l'agriculture et du commerce.

Nous examinerons d'abord l'agriculture; nous nous occuperons ensuite du commerce, et nous indiquerons, dans le cours même de cet examen, les réformes qui, après nous avoir semblé possibles, nous ont laissé la conviction que, dans l'état actuel de la France, elles étaient indispensables.

DE L'AGRICULTURE.

Le rôle que joue la propriété dans notre nouvel état social, la position générale des propriétaires qui vivent en dehors d'elle, sont certainement les causes des charges qui la grèvent, de la misère qui accable ses artisans, et de l'éloignement qu'on éprouve à faire de l'industrie agricole une industrie principale et unique.

La propriété est, en effet, en France, pour les classes aisées, une sorte d'accessoire, un luxe : on ne vit pas de son revenu. Le Code civil, en détruisant, par les dispositions libérales de la loi sur les successions, les grands tenanciers, a fait passer le sol dans les mains des fonctionnaires publics, des magistrats, des industriels, etc., de cette classe diverse qui est devenue le gouvernement de la France. Mais le sol ainsi modifié dans son essence constitutive, dans son importance politique, le sol n'a plus été le souci du législateur.

Négligé par les hommes du pouvoir, dont il n'était plus l'intérêt particulier, il a supporté, sans qu'on s'en inquiétât, toutes les charges qu'on a voulu lui imposer. Abandonné par la partie puissante de la société, dont il n'était plus le soutien, il a été encore délaissé par la partie intelligente et instruite, qui a consacré ses études et ses efforts à d'autres intérêts qu'on semblait croire plus élevés et plus utiles.

Qu'on nous permette d'exposer les divers modes d'exploitation agricole pratiqués maintenant en France, afin que l'on puisse exactement se faire une idée de la situation de la propriété et des causes qui font que l'on ne considère pas, dans notre pays, l'agriculture comme une véritable profession, ce qu'elle n'est pas en effet, mais ce qu'elle devrait être.

Les possesseurs du sol peuvent se diviser en trois grandes catégories :

1° Les grands propriétaires, qui afferment leurs domaines aux fermiers qui cultivent, — nord-ouest, nord-est;

2° Les propriétaires exploitant par colons particuliers, — ouest, sud et sud-ouest;

3° Enfin les petits propriétaires exploitant par eux-mêmes, — un peu partout.

Dans la première catégorie, la propriété est un accessoire du revenu. On place des fonds sur baux à ferme, qui donnent deux et demi à trois pour cent d'intérêt par an.

Le propriétaire, dans cette catégorie, fait appel à d'autres ressources : il vit des emplois publics ou d'une industrie quelconque.

Il n'est pas industriel agricole, c'est le fermier qui l'est.

Dans la propriété intermédiaire, le colonage, qui crée une véritable association entre le capital et le travail, laisse au possesseur le droit, et notre état social lui crée l'obligation de faire aussi quelque chose par ailleurs. Il ne peut pas considérer le sol comme une source de fortune ; il satisfait seulement, en possédant, ce sentiment inné chez tous les hommes : l'ambition d'avoir un peu de terre à soi ; cette ambition qui est venue en aide à l'égalité de l'héritage pour amener le morcellement de la propriété.

Enfin, dans la dernière catégorie, composée de ceux qui sont restés fidèles au sol par tradition ou par nécessité ; dans cette dernière catégorie, qui travaille ordinairement de ses mains, et vit exclusivement du produit de son travail, on ne rencontre que la gêne ou la misère. Les impôts, l'hypothèque et l'usure sont les fléaux de la société, qui, avec les fléaux de la nature, la maintiennent dans la plus pitoyable des conditions.

Le grand propriétaire qui touche son revenu par des mains tierces, par un notaire, par un receveur de rentes, n'a que les agréments de la propriété. Il en a la jouissance, il n'en a pas le tracas.

Son intelligence n'est pas poussée vers la recherche des améliorations qui pourraient faire prospérer l'agriculture ; il lui a été permis de l'accabler sans crainte d'impôts dont il n'avait pas l'inquiétude.

Mais la grande propriété proprement dite n'existe plus, c'est presque une pompe de langage que d'en parler ; elle s'est fondue dans la moyenne et la petite propriété.

La moyenne propriété est exploitée par colonage, et l'exploitation est abandonnée au colon. Les rapports du maître au paysan ne sont pas des rapports de chef d'exploitation agricole à ouvrier agricole : le maître habite la ville et ne connaît rien à la culture ; il a son temps pris par d'autres occupations et d'autres devoirs.

Le petit propriétaire exploite par lui-même ; il commence par l'hypothèque et finit par l'expropriation.

Le fermier, le métayer et le petit propriétaire sont donc les véritables et uniques industriels agricoles.

Le fermier seul a quelque aisance, parce qu'il a une exploitation considérable et des produits divers ; le métayer est misérable ; et quand on a nommé le petit propriétaire, on a parlé d'une des plus grandes infortunes de ce temps-ci.

D'où vient cet état de choses ?

C'est que l'agriculture n'a jamais eu ses représentants et ses protecteurs, et qu'elle ne pouvait pas les avoir. Les droits politiques n'étaient conférés ni au fermier, ni au métayer, ni au petit propriétaire. Ils étaient absorbés par ces deux classes dont nous avons parlé tout à l'heure, lesquelles avaient été préparées à d'autres soucis, élevées pour d'autres satisfactions. Le gouvernement constitutionnel, cherchant un appui, crut le trouver dans le sol, et l'impôt foncier devint la base de la capacité électorale. Mais, en établissant sa puissance sur cette base, il eut le grand tort de ne pas examiner de quels éléments elle était formée. Les hommes qui prenaient leur capacité électorale dans la contribution foncière ne représentaient pas le sol, parce que le sol n'était pas leur industrie et leur soutien ; et le propriétaire, magistrat, avocat, médecin, industriel, commerçant, qui participait au gouvernement, n'avait pas un intérêt intime à modifier les lois pour rendre les conditions de la propriété meilleures. De plus, le morcellement de la propriété dont nous parlions plus haut a été cause que l'agriculture n'a plus joué moralement le grand rôle qu'elle remplissait autrefois. Ses produits, alors, par les bestiaux et les laines que sont seules habiles à produire les grandes exploitations, semblaient tenir dans une sorte de respect vis-à-vis d'elle les populations des villes dont ils rendaient la vie meilleure. Mais depuis, ce morcellement ayant créé l'agriculture de curiosité, l'agriculture des vergers et des jardins, la terre ne pouvant plus produire, faute de bestiaux, pour lesquels de grands pâturages sont nécessaires, et par conséquent faute d'engrais, une quantité suffisante de grains et de viande pour nourrir une population qui s'accroissait tous les jours, on s'est accoutumé généralement à n'avoir d'elle aucune préoccupation, puisque ses bienfaits n'avaient pas cette abondance qui appelle une attention sans relâche.

Et c'est ainsi qu'elle est tombée dans une décadence honteuse.

Car, dans un rapport fait au roi en 1840, le ministre de l'agriculture et du commerce constate que les produits de la récolte ne sont que de 6 pour 1 de la semence, tandis que nos anciens intendants les établissaient à 10 pour 1. En Angleterre, d'après une enquête officielle faite en 1836, ils sont de 22 pour 1. Chaque hectare de terre cultivée en froment y produit 35 hectolitres, tandis qu'en France il ne produit que 10 hecto et demi.

Cette terre appauvrie n'a appelé dès-lors ni les capitaux actifs, ni les esprits ambitieux de fortune. Délaissée par le pouvoir, dédaignée par l'intelligence, désertée par tous ceux que leurs appétits avides poussaient à vouloir participer aux jouissances qu'offrent les villes, elle n'a plus eu pour soutien que ces malheureux paysans qui semblent, par leur ignorance et leur misère, former comme une nation à part au milieu de notre civilisation raffinée.

Sous l'influence de cette situation néfaste, tous les accablements sont tombés sur le sol.

Il a eu à payer :

L'impôt foncier ;

L'impôt du sel ;

L'impôt indirect sur les vins ;

L'impôt de l'enregistrement ;

Les droits d'octroi, de mutation, etc.

Et, sous le poids de ces charges, l'hypothèque, qui était déjà de 11 milliards (le double de la dette publique), s'augmentait, de 1832 à 1840, de 1 milliard 310 millions 832,822 francs; et depuis 1840 elle prenait une moyenne de 506 millions par an. Au temps de la plus grande prospérité de la France !

Il faut changer cela ! Il faut ramener tous les altérés vers ces mamelles intarissables de la terre, qui semblent stériles parce qu'on ne les sollicite plus.

Si l'on veut ramener vers l'industrie agricole, il faut faire cesser les injustices dont elle est victime, c'est certain; mais encore et surtout, il faut modifier son organisation et faire entrer l'exploitation dans des conditions nouvelles.

L'agriculture ne peut tenter, ne peut devenir une profession qu'en étant une grande chose et en devenant une source de fortune. Elle ne peut être prospère qu'en étant puissante; elle ne peut être puissante qu'en appelant à elle une masse considérable d'intérêts particuliers.

Ces intérêts particuliers qui existent déjà, mais qui, éparpillés dans toute l'étendue du territoire, ne se sont jamais rassemblés ni pour combattre, ni pour résister; il faut les amener à s'unir.

Pour rendre la France manufacturière, on a fait des avantages considérables aux manufacturiers; pour rendre la France agricole, il faut faire ce qu'on appellera peut-être des avantages à l'agriculture, tant nous sommes accoutumés à n'avoir nul souci d'elle !

Mais, pour que ces avantages fructifient, il est nécessaire d'emprunter aux industries manufacturières les moyens dont elles se sont servies pour arriver à la prospérité.

En première ligne se place l'association des capitaux, qui a permis de fonder de grandes usines, et réuni, dans un intérêt commun, une masse considérable de ces intérêts particuliers dont nous avons parlé.

L'association des capitaux a eu pour effet de donner à des

entreprises privées la puissance d'une industrie publique, et les intérêts particuliers, coalisés ainsi, ont pu avec quelque raison demander des faveurs et des priviléges au nom de l'intérêt général.

Or, l'agriculture doit entrer dans cette voie; elle doit, au moyen de l'association, reconstituer cette force de la grande propriété, qui avait toujours été le soutien de l'Etat, et dont la disparition n'a pas peu contribué à ses troubles et a amené la décadence des revenus de la terre et leur insuffisance à satisfaire les besoins du pays.

Qu'on ne s'effraie pas de ce mot d'association; il est de ceux dont on peut faire usage sans éveiller les susceptibilités les plus ombrageuses, en disant ce qu'il signifie. Qu'est-ce, en effet, que l'association des capitaux? C'est un moyen de faire rapporter aux capitaux réunis un intérêt plus élevé que celui qu'ils percevraient dans l'isolement.

L'association pour l'exploitation du sol n'aurait donc d'autre but que de faire rendre à la terre, qui est le capital, un revenu plus considérable que celui que rendent les propriétés morcelées ou isolées, pour rentrer dans les termes de notre définition. Et cela, par la variété des cultures, par l'agrandissement du domaine agricole, qui, en permettant l'élève des bestiaux, augmenterait les moyens de production par la quantité des engrais qui en sont la source.

Mais, si l'association amène de plus grands revenus et éveille l'énergie d'un plus grand nombre d'intérêts; si l'agriculture devient une industrie véritable, étant déjà une industrie susceptible d'immenses progrès, le capital y trouvera la rémunération qu'il réclame dans les divers emplois où il afflue maintenant, et viendra de lui-même solliciter l'intelligence pour qu'elle l'aide à fructifier.

L'agriculture, en se relevant sur ces nouvelles bases, c'est notre conviction, peut devenir une source de fortune. La grande propriété se reconstituerait dans les nouvelles conditions de notre ordre social, par l'association qui en établirait la permanence dans les mêmes mains : car le nombre des associés ne permettrait pas, en effet, à chaque instant le changement de maître, qui est encore une des causes du dépérissement de l'industrie agricole.

Et la grande propriété, rétablie à l'instar des grands établissements industriels et financiers, appellerait comme eux, dans son sein, les forces jusqu'à présent inemployées qui s'agitent dans le désœuvrement.

Mais il faut, pour que cette idée soit féconde, qu'elle soit élevée à la lumière, et encouragée par tous ceux dont les encouragements sont une autorité.

Le gouvernement vient d'établir des fermes modèles, des instituts agricoles. C'est digne de louanges, sans doute; mais nous dirons au gouvernement : Ce ne sont pas des hommes qui sachent et professent l'agriculture qu'il nous faut principalement, ce sont des hommes qui l'aiment parce qu'ils auront intérêt à l'aimer.

Vous avez donné de l'argent et des encouragements aux associations ouvrières ; vous avez accordé des priviléges, au nom des ouvriers des villes, aux constructeurs et aux propriétaires de maisons. Encouragez, aidez, préconisez par vos organes les associations agricoles au nom des ouvriers des campagnes, et au nom de la société, qui demande une occupation pour tous ses enfants.

La ville est encombrée, et la terre est aride et paraît épuisée. Les autres nations, l'Allemagne et l'Angleterre, sont fertiles; le sol est plus pauvre chez elles, et le produit est plus grand! Oh! vraiment! il faut changer cela! La situation de la société nous en fait un impérieux devoir.

Mais la question sociale se complique de la question financière, je le sais, et c'est là que l'effort doit se porter. La terre

3

est écrasée par ces impôts divers que nous avons énumérés. Eh bien ! il faut remanier l'impôt !

C'est là le cri qui est au fond de toutes les consciences, le désir qui est au fond de tous les cœurs, la nécessité qui est reconnue par tous les esprits. Il faut remanier l'impôt !

En Angleterre, la propriété ne paie pas d'impôt foncier ; en France, elle paie 450 millions.

Pour arriver à ce remaniement, il faut d'abord s'inspirer de la justice.

Guidé par cette justice, on sera amené à reconnaître que le capital et les industries diverses qu'il alimente, en participant à toutes les faveurs des gouvernements, se sont presque exemptés des charges qu'ils auraient dû supporter.

La rente n'a pas payé d'impôt. Le capital, placé à intérêt fixe sur les priviléges de l'hypothèque, n'a pas été atteint ; celui qui a été attiré par le commerce et l'industrie n'a pas payé une rémunération en rapport avec le revenu qu'il procurait.

Qu'on ne s'étonne pas alors si le capital, placé dans des mains habiles ; si le capital, qui n'était pas du superflu, a fui la terre où l'impôt l'atteignait de tous les côtés.

C'est une nécessité sociale que de modifier cette situation. L'impôt sur la rente, l'impôt sur les priviléges hypothécaires, le droit de timbre sur les actions industrielles, et l'impôt sur le capital industriel ou commercial remplaçant la patente, voilà les éléments principaux du remaniement.

Il est très-facile d'atteindre le capital commercial ou industriel, puisque toute société commerciale ou industrielle est obligée de déclarer, au greffe du Tribunal de commerce, sur quel capital elle va opérer.

L'impôt de la patente est très-injustement réparti maintenant. En contraignant tous les patentés à déclarer leur capital social, on l'établirait bien plus équitablement et il rendrait davantage. La publicité donnée à la formation des sociétés commerciales ou industrielles, et les conséquences que cette publicité aurait pour le crédit, seraient une garantie pour la vérité des déclarations, et la patente pourrait être très-exactement fixée.

Pourquoi les notaires, les avoués et les commissaires-priseurs ne paient-ils pas un droit pour exercer leur privilége? Pourquoi les huissiers ne le paient-ils plus? Les agents de change et les courtiers sont bien obligés d'avoir patente, et ils sont officiers ministériels à égal titre que les précédents!

L'élévation *proportionnelle* (1) de la cote personnelle, maintenant établie à trois journées de travail à 1 fr. 50 c., soit 4 fr. 50 c. par individu; l'élévation des impositions sur les portes et fenêtres pour les immeubles placés dans des conditions qui ne font pas encourir la chance des non-locations et assurent un revenu sans risque : voilà encore des éléments de réforme.

Et les douanes! Les droits de douane ont été, jusqu'à présent, un levier mis à la disposition du monopole, et n'ont jamais été une source d'impôt. Ils n'ont eu pour objet que de protéger notre industrie, en empêchant l'importation; et cependant, en Angleterre, ils sont une des principales sources du revenu public, car les droits à l'importation pour le royaume-uni, qui ne compte que 15 ou 16 millions d'habitants, s'élèvent annuellement à plus de 600 millions. En France, ils atteignent à peine une centaine de millions.

Est-il raisonnable, est-il juste de maintenir cet état de choses?

Je sais bien que l'on dira : Certaines de ces réformes vont apporter une grande perturbation dans la valeur représentative du capital; elles vont diminuer le capital de certains objets qui seront frappés. Nous pourrions longuement réfuter cette objection, mais nous nous contenterons de répondre :

(1) La proportionnalité de l'impôt est établie par la Constitution.

Est-ce que les troubles du pays et ses oscillations constantes ne font pas aussi dépérir le capital? Est-ce que les révolutions ne portent pas aussi la perturbation dans les revenus, et, par conséquent, dans la valeur nominative du capital? Voulez-vous mettre un terme à l'agitation? voulez-vous être sûr que chaque jour ne mettra pas votre fortune elle-même en question? Consentez à des réformes justes et provoquez-les.

Oui, il nous est commandé d'améliorer les conditions de l'agriculture, et de reporter vers elle, par l'appât, une partie des forces inactives de la société. Et pour cela il y a deux moyens à mettre en pratique : l'association, et le remaniement de l'impôt.

On s'occupe de la réforme hypothécaire et de l'institution des banques agricoles. La solution des questions complexes qu'entraîne la réforme hypothécaire se trouve dans l'association.

Le titre hypothécaire se métamorphose, en effet, par l'association, qui rend le titulaire de la créance co-partageant, co-agissant dans l'industrie agricole.

La rémunération du capital devient, dès-lors, mobile comme le revenu lui-même, et n'est plus une charge pour la propriété.

L'hypothèque crée maintenant une sorte de co-propriété; mais cette co-propriété constitue un privilége monstrueux, puisque ses revenus sont fixes, et à l'abri de toutes les éventualités que le travail encourt dans l'exploitation du sol. Si l'association fait subir au capital les chances diverses que subit le travail, on le verra bien vite s'unir, réclamer des réformes, et appeler à son secours l'intelligence, pour rendre les conditions du travail meilleures et les sources du revenu plus certaines. Cette idée se développe d'elle-même.

Les banques agricoles sont destinées à combler un grand vide. J'avoue que j'ignore complètement sur quelles bases on a l'intention de les fonder; mais il entre dans mon plan d'examiner quel doit être leur but.

Leur but ne doit pas être, à mon avis, de devenir une sorte de transformation de la caisse hypothécaire, dont les résultats n'ont pas été encourageants. Le jour où les banques agricoles, quelles que soient les modifications du système hypothécaire, entreront dans la voie des prêts sur immeubles, nous croyons qu'elles auront compromis leur existence.

Les banques peuvent bien faire des prêts sur des valeurs mobiles et sujettes même à dépréciation, parce qu'elles n'encourent alors qu'une chance dont on peut prévoir le terme; mais il y a danger de mort pour elles à placer leurs capitaux de façon à ce qu'ils soient immobilisés, et que les valeurs représentatives de leurs débours ne présentent pas la certitude d'une réalisation facile.

Nous croyons donc que les banques agricoles doivent être organisées dans le but exclusif de faire des avances à la propriété, pour ce qui a rapport aux besoins du travail et du revenu.

Ainsi la propriété est obligée de faire annuellement au revenu les avances suivantes :

328,000,000	avances en céréales, valeur des semences.
47,000,000	pour les autres cultures.
38,000,000	pour les prairies artificielles.
120,000,000	pour les frais de culture. (Minimum.)
533,000,000	Total.

Ce sont ces avances que les banques devront faire à la propriété. Car ces dépenses indispensables, par les suites de l'invente et des mauvaises récoltes, ont été l'un des principaux germes de l'hypothèque et le vaste champ exploité par l'usure.

Mais, dira-t-on, on ne peut faire un prêt que sur un gage. Oui. Eh bien! le gage des banques agricoles serait le revenu lui-même.

Le revenu serait donné pour gage de l'avance, et voici les avantages que la société et la propriété y trouveraient.

La société trouverait, dans une organisation qui serait appelée à satisfaire des besoins financiers de 533 millions, besoins qui devraient s'augmenter de la prospérité même de l'industrie agricole, une occupation considérable pour une grande quantié d'oisivetés. Mais encore, le revenu étant commis aux banques, elles auraient un immense intérêt à s'occuper de son placement et de sa réalisation. Le propriétaire y trouverait cet avantage d'avoir un intermédiaire actif, sollicitant, et toujours présent entre lui et le commerce ; car ces soins donnés à la vente ne devraient pas être facultatifs, mais obligatoires.

Cependant, il importe, en fondant un établissement de crédit, de s'occuper surtout de la durée qu'il peut avoir, parce qu'autrement son apparition éphémère augmenterait le mal au lieu d'y remédier. Ainsi, il est utile de trouver un moyen pour que le gage du prêt ne demeure, en aucun cas, dans les mains de la banque, ce qui aurait pour effet d'amener cette immobilisation du capital que nous voulons surtout éviter.

Pour cela, il faut faire passer l'*encan* à l'état d'habitude et de chose ordinaire.

L'encan est un débouché quelquefois onéreux, mais toujours certain. Il n'est onéreux que parce qu'il n'est pas ordinaire. S'il devenait, comme aux Etats-Unis, le mode usuel de vente, il perdrait ce caractère défavorable que nos mœurs seules lui ont donné.

Ainsi, les banques agricoles seraient instituées pour faire des avances aux revenus de la propriété. La banque, par son intérêt et par l'obligation qu'on lui en ferait, deviendrait l'agent de la vente, agent toujours présent, et le dernier terme de son office serait l'encan qui lui procurerait la rentrée certaine de ses débours.

Résumons-nous. Les moyens que nous croyons bons pour

ramener vers l'industrie agricole et faire prospérer cette industrie sont :

1° L'association des capitaux pour l'exploitation agricole ;

2° Le remaniement de l'impôt ;

3° La création de banques agricoles dans les conditions ci-haut exprimées, sans préjudice, bien entendu, des réformes projetées par le gouvernement.

Toutes ces réformes auraient pour effet, nous n'en doutons pas, de rendre à l'agriculture l'importance qu'elle a perdue. Les résultats qu'elles laissent présager solliciteraient ces natures égarées dans des chemins obstrués qui cherchent leur place dans le monde. Ce repos des champs vers lequel chacun aspire et qui ne peut maintenant exister qu'avec des conditions d'aisance prises en dehors de la propriété, ces travaux utiles qui apaisent l'esprit et contentent le cœur, sont faits pour tenter et pour attirer vers eux.

Qu'il nous soit permis d'ajouter qu'en outre de cette nécessité, que l'on pourrait considérer comme lointaine, de classer dans une industrie négligée les forces improductives de la jeune génération, il y a une nécessité pour ainsi dire imminente à entreprendre ces réformes.

Car, qu'on y prenne garde ! l'antagonisme du sol et du capital est prêt à éclater ! Il existe déjà d'une façon latente et se traduit dans les manifestations inattendues de l'urne électorale. Les intérêts du travailleur agricole avaient été méconnus par les auteurs de la révolution de février; mais ils se sont aperçus de leur erreur le 10 décembre, et le nombre leur a découvert l'immensité de ces souffrances qui ne sont pas moins réelles que celles des ouvriers de l'industrie. On a fait depuis un appel brutal à ces intérêts dans une propagande remplie de haine et de mensonge. Passagère lueur d'une mauvaise inspiration, elle n'a servi qu'à éclairer les funestes passions qui s'agitent dans le cœur humain.

Mais il serait imprudent de ne pas considérer le mouvement des campagnes comme une agression qui pourrait se changer en lutte violente. La justice et cette crainte doivent nous pousser à apporter des soulagements efficaces aux douleurs de cette classe de la population qui n'a jamais démérité de la sympathie des bons citoyens.

Cependant, il est d'autres réformes à faire, d'autres nécessités auxquelles il faut pourvoir. Il est d'autres carrières ouvertes à l'activité humaine qui réclament aussi une ordonnance meilleure, et qui ont semblé, dans ces derniers temps, former la préoccupation principale de ceux qui ont eu soin de la chose publique. Nous voulons parler de l'industrie et du commerce. Il est dans notre plan de rechercher les causes de leur prospérité et de leur malaise ; et en même temps que nous ferons remarquer les motifs qui en ont éloigné, nous indiquerons ceux qui doivent y faire revenir.

DU COMMERCE ET DE L'INDUSTRIE.

L'industrie a pris rang, depuis la paix, comme fait social et dominant de l'époque. Elle a quintuplé les baux à ferme des forges et des propriétés boisées, et sa prospérité a donné naissance à des villes considérables, comme Mulhouse, Tarare, etc. Elle s'est établie ainsi qu'une grande puissance. Elle a eu les chambres des manufactures, le conseil général des manufactures, etc. Elle a envahi le pouvoir, ses chefs l'ont exercé, et, enfin, on a inventé pour elle le système prohibitif.

Ainsi constituée, elle a appelé à elle toutes les intelligences, toutes les ambitions, toutes les activités, et fondé cette association des capitaux, dont nous parlions tout à l'heure, qui a été la source féconde de ses progrès.

Le gouvernement de juillet en avait fait sa prédilection. Elle a été comblée de faveurs et de priviléges, et, devenue une puissance politique, elle a dicté et imposé ses volontés. Nous n'avons pas à rechercher si, dans les priviléges qu'on lui a accordés, on n'a pas porté atteinte aux principes éternels du droit et de la justice; nous constatons ce qu'elle a été et nous voyons ce qu'elle est, rien de plus. Nous aurons à examiner subséquemment ce qu'a été le commerce pendant ce temps-là.

Les industriels étant donc devenus une puissance avec laquelle les gouvernements devaient compter, il se développa en eux une sorte d'exubérance d'ambition qui les porta à vouloir occuper toutes les issues qui aboutissaient au pouvoir. Les vanités de la famille aidant, ils ne trouvèrent pas une satisfaction suffisante dans cette carrière de l'industrie, et l'héritage industriel ne se transmit pas. Alors il s'éleva, par les positions dites libérales, une façon de classe supérieure qui sembla plus spécialement appelée aux honneurs des emplois publics, et qui a été le but vers lequel on a fait tendre la nouvelle génération. Car, le commerçant dont les affaires avaient prospéré, séduit par les mêmes perspectives, prépara aussi ses fils à une autre destination que la sienne. Quand les positions furent devenues aisées par suite de la prospérité commerciale ou industrielle, on fut généralement, et à tous les degrés de l'échelle sociale, saisi de cette ambition, que nous nous permettrons de nommer l'ambition de l'escalade. Les fils de l'industriel et du commerçant ne furent pas élevés pour suivre la carrière de leurs pères; ils reçurent une sorte d'éducation somptueuse qui les a, non seulement tenus éloignés de ces carrières, mais leur en a encore inspiré le dégoût.

Cependant, comme les natures sont diverses et que la même nourriture ne convient pas à tous les esprits, il s'est rencontré beaucoup d'éducations qui ont avorté et se sont trouvées impuissantes à rien produire dans le cercle où elles avaient eu pour destinée de se mouvoir. Alors, ceux qui étaient condamnés à la stérilité et que le besoin ou un retour tardif sur eux-mêmes ramenait vers les choses positives de la vie, ceux qui ne voulaient pas demeurer dans le monde à l'état flottant, se sont jetés en foule dans le commerce, dont la connaissance leur paraissait être quelque chose de si facile qu'elle ne réclamait pas d'étude.

Avec ces éléments qu'engendraient la présomption et l'inanité d'efforts qui avaient été superflus par ailleurs, le commerce ne pouvait pas progresser et s'élever à cette hauteur qu'il a atteinte chez les autres nations. Aussi, à part quelques exceptions dans les villes essentiellement commerciales, comme Marseille et le Havre, est-il demeuré partout dans une grande infériorité relativement à l'industrie.

Considéré comme un refuge, comme une dernière ressource, pratiqué par des hommes qui n'en avaient pas le goût et s'improvisaient habiles à bien faire dans un état qui réclame les soins les plus constants et la plus grande expérience, il devait en résulter une sorte de périodicité dans les désastres commerciaux. Cette périodicité, dont ce qui précède fera comprendre l'invincible retour, a effrayé les timides et prêté à cette carrière du commerce un aspect d'incertitude qui en éloigne. On a donné aux existences qui s'y dévouent, presque un reflet d'équivoque qui fait considérer leur situation comme artificielle. Ensuite, l'obscurité de ces travaux n'a pas eu d'attrait pour des imaginations cultivées dans les élégances littéraires, et on les a fuis, ainsi que quelque chose d'inférieur aux autres positions.

C'est là un grand mal, et il vient uniquement de ce qu'il n'y a pas en France d'éducation commerciale.

Il y a une éducation industrielle, car on ne peut pas devenir fabricant si l'on ne connaît pas la fabrication; mais notre éducation commerciale n'est pas de niveau avec notre éducation industrielle.

On apprend donc pour être industriel, avocat, médecin, etc.; on n'apprend pas pour être négociant.

J'entends par ceci : qu'il n'y a pas en France d'éducation commerciale, qu'il n'existe pas pour le commerce une éducation première, comme celle que l'on donne, par exemple, dans les colléges pour la littérature et les langues anciennes. Cette éducation des colléges fait naître les goûts littéraires et l'amour des jouissances de l'esprit. Elle montre à l'homme la culture de l'intelligence et son développement comme le but suprême auquel doivent tendre ses efforts, et, en lui mettant sans cesse sous les yeux la grandeur des résultats obtenus par ses travaux, elle lui inspire l'ardent désir de les entreprendre.

Mais est-il jamais venu à l'idée d'un professeur de donner à ses élèves le goût du commerce, d'exciter leur émulation, d'ouvrir leur âme à des sentiments nouveaux, en retraçant ces luttes sans relâche du négociant appliqué à son œuvre; de l'armateur faisant explorer des mers inconnues, et ouvrant des débouchés nouveaux aux produits de son pays? A-t-on jamais fait l'éloge de cette vie obscure, patiente et courageuse; de cette vie qui est si éminemment utile qu'elle répand l'activité tout autour d'elle? Car la prospérité commerciale fait naître une multitude d'aisances qui se groupent autour du négociant, et établissent ainsi comme une solidarité fraternelle entre la tête qui pense et le bras qui agit.

A-t-on jamais inspiré l'amour de l'agriculture à la jeunesse? Non. — Nous n'avons pas en France d'éducation pratique.

Toute l'éducation se résume dans l'extension de ces facultés de l'esprit qui amènent le besoin de l'oisiveté, le dégoût des choses positives, et font des hommes aussi inutiles à eux-mêmes qu'aux autres. Et, dans ce siècle, que l'on a appelé le siècle du travail, on n'a pas encore entrepris d'élever l'homme pour le travail.

Nous manquons donc en France d'éducation agricole et commerciale primaire, si je peux m'exprimer ainsi. Elle existe en Angleterre, en Allemagne et aux Etats-Unis; et à l'âge viril elle se complète par une éducation pratique qui est la véritable discipline où se forment les grands négociants.

Cette éducation pratique consiste dans le travail au dehors, et sur les lieux mêmes avec lesquels on est appelé à avoir des relations.

C'est ainsi que l'on voit les Anglais et les Allemands recevoir, en y travaillant, leur instruction commerciale sur tous les marchés de l'Europe. Ils reviennent dans leur pays, après l'avoir reçue, avec une expérience précoce et un goût décidé pour des travaux dont l'étude qu'ils ont faite leur a révélé l'utilité et la grandeur; et alors, quelle que soit leur position personnelle, ils sont sûrs de trouver, pour se mettre à l'œuvre, tous les appuis dont ils ont besoin.

C'est dans les éléments de l'éducation et dans cette instruction diverse que gît la cause de l'immense différence qu'il y a dans notre activité commerciale et celle de l'Angleterre. Ces connaissances variées qu'ont les Anglais des besoins de tous les peuples, ce goût pour le commerce qu'ils prennent dans leurs mœurs, leur préparent une grande existence commerciale. Ils provoquent tous les succès. Toujours prêts à s'intéresser dans des entreprises qui peuvent aider à l'accroissement de leur commerce ou de l'industrie, ils sont à la fois armateurs, fabricants, exportateurs; et j'entends par là que l'on voit en Angleterre, au contraire de ce qui se passe en France, les armateurs, les fabricants entrer dans les entreprises d'exportation, et réciproquement. Ils ne se bornent pas à une spécialité, parce que les connaissances qu'ils ont acquises les rendent propres à comprendre, à exécuter toutes les affaires. Or, dans ces associations formées par l'élément commercial lui-même, il se crée, entre les diverses branches du commerce anglais, une solidarité réelle, qui rend dans ce pays les questions commerciales de vraies questions politiques et nationales.

Les négociants anglais, mêlés à toutes les affaires, s'appuient les uns sur les autres, sentent le besoin les uns des autres, et constituent ainsi (par cette espèce d'association diverse, mais où chacun a part) une puissance redoutable, dont le gouvernement doit, avant tout, satisfaire les désirs et les besoins. Le commerce, étant redouté, est respecté et considéré, et toutes les classes de la population l'exercent. Aussi, l'héritage commercial et industriel se transmet-il, à l'encontre de ce qui a lieu en France, ainsi que nous le disions plus haut, et cette inamovibilité dans les noms, en outre qu'elle constitue une force, est une cause de prospérité.

Mais une fois que l'esprit est épris d'une idée, et que cette idée, fécondée par la diversité des intelligences, est devenue principale et unique, il faut qu'elle se déploie et progresse.

Or, l'idée du commerce ne peut pas exister sans celle du crédit; les progrès de l'une doivent être précédés par les progrès de l'autre; et voilà comme quoi, en Angleterre, en Allemagne et aux États-Unis, l'éducation commerciale, développant l'esprit commercial, celui-ci, à son tour, a développé l'esprit du crédit, et fondé ces grands systèmes de circulation sans lesquels le commerce ne peut pas prospérer.

Nous sommes bien en arrière dans cette voie. C'est celle qu'il faut ouvrir, cependant, pour donner de l'élan à notre commerce, et lui faire prendre, dans notre société, le rang qu'il doit avoir.

Le crédit a toujours été réparti en France d'une façon fort inégale. Constitué très-largement dans quelques villes, comme Paris, Marseille, Le Havre, il manquait dans presque tout le reste de la France. Dans les derniers temps de la monarchie, procurant à certaines villes une grande prospérité, en favorisant les entreprises qui s'y formaient, il y avait attiré un superflu de travail, tandis que certains points étaient complètement abandonnés. Ici la production était forcée, là elle était détruite. On témoignait de cette situation lorsqu'on disait, dans le langage familier : « Il est bien plus facile de se tirer d'affaire à Paris que partout ailleurs. »

Les sociétés de banque par actions avaient amené en partie cette prospérité et cette abondance d'activité dans les villes où elles étaient établies. Fondées sur une idée très-libérale, elles ont largement rempli leur mission, et le commerce français leur doit presque tous les progrès qu'il a pu faire malgré sa mauvaise organisation.

Mais la plupart de ces établissements, surpris par la révolution lorsqu'ils étaient déjà engagés dans des opérations très-vastes et de longue haleine, ont été obligés de cesser de fonctionner. Cependant, la révolution n'a pas été seule, à notre avis, la cause de leur arrêt ; il a tenu aussi à cette inégalité, que je signalais plus haut, dans la distribution du crédit. Cette force manquait d'équilibre, et, comme elle était mal assise, il s'est trouvé qu'au moment de cette violente secousse, elle a manqué partout à la fois.

En face de ces moyens détruits, il est donc urgent de reconstituer au plus tôt le crédit en France, mais sur de meilleures bases.

Il ne faut pas, en effet, qu'en certains lieux il manque, et que dans d'autres il soit exagéré. Il faut qu'il puisse retenir le travail là où il voudra produire, en lui offrant les avantages qu'il cherche ailleurs. Il ne sera plus nécessaire alors que de le régulariser par la position même de ceux qui auront recours à lui. Alors, la loi sur les patentes, dont nous demandons la réforme pour l'établir proportionnellement au capital, sera une garantie contre l'exagération du crédit, qui ne se produit que par l'incertitude même des raisons qui lui donnent naissance.

Le manque de crédit n'existera pas avec la certitude d'un capital. La foi dans les ressources est le levier des entreprises. Lorsqu'on aura établi un vaste système de circulation, on aura disposé bien des hommes que l'incertitude de ces ressources en éloigne, à entrer dans le commerce.

En organisant le crédit et le mettant à la portée de tous ceux qui, en ayant besoin, s'en rendraient dignes, on appellerait vers le commerce des hommes qui n'osent pas s'y livrer, parce qu'ils craignent précisément le manque de crédit. Bien que la génération ne soit pas préparée à cette destinée, et que ce soit là une cause de notre infériorité commerciale, ainsi que nous l'avons déjà fait observer, il est permis de croire qu'un plus grand nombre d'existences s'y dévouant, on trouverait dans ce nombre même un régulateur aux écarts de l'inaptitude. Cette carrière entraînerait des obligations qui sembleraient plus sérieuses parce qu'elles seraient remplies par un plus grand nombre d'individus. — Élevée dans la considération publique au rang qu'elle occupe ailleurs, elle imposerait à ceux qui y entreraient un caractère plus grave et plus prudent, parce que ce caractère serait une des conditions les plus rigoureuses de leur succès.

Les facilités du crédit donnant les moyens de se faire une position que chacun pourrait atteindre, la certitude d'un résultat servirait de modérateur aux désirs. Quand il est sûr de quelque chose, l'esprit est peu disposé aux chimères. C'est quand il n'est sûr de rien qu'il se laisse égarer; et lorsque son honneur est gravement en jeu aux yeux de la majorité à laquelle les principes de cet honneur même sont communs, l'homme est peu disposé à courir légèrement des aventures qui pourraient le compromettre.

On peut donc espérer que, le commerce étant plus généralement pratiqué, et perdant, par suite, dans cette pratique plus générale, le caractère incertain qu'on lui prête, il deviendrait une profession qui, comme les autres, exciterait l'émulation, et, en demandant à l'intelligence toute son application, rendrait le commerçant plus soucieux des connaissances qu'il réclame, et moins prompt à se laisser entraîner dans ces voies où l'ignorance le fait périodiquement se perdre.

Mais la question importante n'est précisément pas dans les

effets de l'organisation du crédit, dont chacun peut prévoir les résultats ; elle est dans l'organisation elle-même.

Voyons donc à quel point elle en est.

La recherche ne sera pas longue à faire. Il n'y a maintenant en France qu'un établissement de crédit, et c'est *la Banque de France*.

La Banque de France pourra-t-elle suffire à notre mouvement commercial? Et lorsque déjà les provinces émues battent en brèche la centralisation administrative, souffrira-t-on cette chose monstrueuse, qui mettrait toute la France à la merci du gouverneur-général de la Banque, la centralisation du crédit ?

Peut-on concevoir un despotisme plus effrayant que celui-là? Comment! à un moment donné, sous l'émotion d'une crise parisienne, les sources du crédit seront taries dans toute la France? Comment! sous un gouvernement qui a la liberté pour principe, et qui doit avoir toutes les libertés pour but, on maintiendrait le monopole qui est le plus grand attentat fait à la liberté ?

Non! cette situation est passagère; les nécessités du moment l'ont créée. — La Banque de France a fait payer au Trésor l'appui qu'elle lui prêtait. — Mais pourrait-on, sans danger, laisser prendre au Trésor l'habitude de trouver des ressources dans la Banque; et lorsque la politique du gouvernement a déjà une si grande influence sur l'industrie et le commerce, serait-il permis, quelqu'en fût le motif, de lui laisser encore établir la solidarité du crédit entre la Banque, le commerce, l'industrie et lui ? Non; nous ne pensons pas qu'on le veuille. Nous croyons donc que c'est un état anormal et transitoire, et nous n'avons à nous occuper que de ce qu'il y aurait à faire pour des temps réguliers.

Pour faire prospérer le commerce, il faut organiser le crédit. Or, la meilleure manière d'organiser le crédit, c'est de lui laisser la liberté de s'organiser lui-même. En d'autres termes, il faut proclamer le principe de la liberté des banques.

Adam Smith, qui n'était certes pas un grand partisan des banques, avait remarqué que leur nombre accroissait leur solidité. « La sûreté du public, dit-il, bien loin de diminuer, n'a » fait qu'augmenter par la multiplication récente des compa- » gnies de banque dans les deux royaumes unis de l'Angleterre » et de l'Ecosse, événement qui a donné l'alarme à tant de » monde. »

Aux Etats-Unis, la liberté des banques a produit les plus heureux résultats. Qu'on ne croie pas, en effet, ainsi qu'il est d'usage de l'objecter, que cette multiplicité des banques soit la cause des perturbations commerciales dont ce pays a eu à souffrir ! Car, dans la partie des Etats-Unis où il existe le plus grand nombre de banques, dans Rhode-Island (Nouvelle-Anglerre), qui comprend six États : Rhode-Island, Massachusets, Maine, New-Hampshire, Vermont et Connecticut, les crises commerciales sont presque inconnues. Et cependant on y comptait en 1830, pour une population de 97,000 habitants, 47 banques, soit une banque pour 2,064 habitants.

En France, en suivant cette proportion, il en faudrait 16,000 !

On peut, sans trop de présomption, dire qu'en ce moment l'Union-Américaine compte sur toute l'étendue de son territoire une banque pour 4,000 individus.

Malgré cette liberté, il existait cependant aux Etats-Unis une banque monopolisante dont les billets avaient cours dans tous les Etats. Mais sa puissance était devenue si considérable, son influence était devenue si dangereuse dans cette république pour le gouvernement, que le président Jackson fut obligé, au nom de l'intérêt public, de provoquer des mesures qui la firent manquer. Et ce privilége dont on avait reconnu les dangers n'a jamais été et ne sera jamais probablement renouvelé.

Dans toutes les crises commerciales que la France a éprouvées, l'insuffisance de ses ressources en matière de crédit a été cruellement démontrée. On est obligé alors d'avoir recours à des créations extraordinaires, à des expédients dont les résultats se ressentent de l'empressement qui les a fait naître.

Mais, si les moyens de crédit étaient multiples , n'aurait-on pas déjà paré à une partie des éventualités que des événements imprévus peuvent amener?

D'où viennent les crises? Elles viennent de ce que les sources du crédit sont épuisées. Mais si les sources étaient diverses; si le jour, par exemple, où la Banque de France s'arrêterait, il y avait à côté d'elle trois ou quatre autres établissements aussi importants qui, n'étant pas engagés dans les mêmes affaires qui occasionneraient la chute de la Banque de France, resteraient debout? Il n'y aurait que les intérêts individuels compromis par ce désastre qui seraient atteints, et non l'intérêt public. De plus, la multiplicité des banques amènerait évidemment la division des risques, et toutes les banques pourraient être atteintes par un sinistre, mais pas de façon à compromettre leur existence, ainsi qu'il devra arriver à une banque unique qui deviendra l'entrepôt de tout le papier produit par le commerce français.

Mais encore, avec une émission limitée à 450 millions, une seule banque, pourra-t-elle suffire au mouvement commercial et industriel de la France? Evidemment non.

Alors le commerce et l'industrie seront-ils obligés, dans leurs entreprises, d'avoir toujours devant les yeux la part qui leur sera réservée dans cette émission, afin de ne pas avoir à encourir des embarras? Ce n'est pas possible.

Les moyens d'action de la banque devront donc s'accroître ; mais, en s'accroissant, parviendront-ils à satisfaire tous les besoins ? Nous ne le pensons pas.

Ce n'est pas avec un milliard distribué seulement au papier à *trois signatures*, qu'on arrivera à donner du crédit à tous ceux qui en ont besoin, et auxquels leur travail et leur conduite devraient en assurer.

On a semblé le comprendre lorsqu'on a institué les Comptoirs nationaux d'escompte pour la satisfaction des besoins des petits industriels et des petits commerçants. Mais cette institution, fondée dans des moments de troubles, se ressent de la précipitation avec laquelle on s'efforçait alors de parer à toutes les nécessités.

Leurs statuts en font des espèces de maisons de banque, et ne leur ont donné aucun de ces priviléges que l'on accorde ordinairement aux établissements publics pour le bien général.

Ils n'ont pas la latitude des établissements particuliers de banque, et ils ont toutes les entraves des administrations. Cependant l'idée était féconde, et en la modifiant elle peut constituer un véritable progrès.

Il faut que les comptoirs nationaux se métamorphosent en banques battant monnaie, si l'on veut qu'ils soient une institution efficacement populaire et utile.

Ils doivent servir de point de départ à la fondation des banques établies sur le principe de la liberté. Et qu'on veuille bien y faire attention ! le jour où les comptoirs nationaux pourront étendre leurs opérations et battre monnaie, ce jour-là ils réaliseront tous leur capital nominatif.

Qu'on ne vienne pas dire alors que le capital n'est pas accessible ! Du moment où vous offrirez au capital une rémunération élevée, quoique chanceuse (et c'est là l'effet des banques), vous aurez le capital à votre disposition.

Et c'est non seulement le moyen de l'atteindre pour le mettre à la portée de tous les travailleurs, mais c'est encore le moyen de lui faire payer l'impôt auquel il se soustrait. Car les banques, en échange des facultés qui leur sont accordées, paient partout à l'Etat un droit sur leur capital.

Ainsi, non seulement le commerce et l'industrie, c'est-à-dire la majorité des citoyens en France, trouveraient la satisfaction de leurs besoins dans cette large organisation du crédit confiée à la liberté, mais encore l'Etat y trouverait une nouvelle source de revenu.

Cette question du monopole du crédit m'amène naturellement à parler d'un autre monopole dont l'existence est une vraie calamité pour notre commerce maritime, une véritable confiscation de travail au profit du gouvernement. Je veux parler du monopole des tabacs.

Il n'y a vraiment qu'une bonne raison à faire valoir en sa faveur : c'est la situation du Trésor.

Nous allons donc examiner d'abord l'état actuel des revenus du monopole, et nous verrons ensuite s'il n'y aurait pas un avantage considérable pour le Trésor lui-même à laisser aux particuliers la liberté du commerce des tabacs.

La France consomme annuellement 20,000,000 de kilos de tabac, qui produisent net au Trésor (nous ne voulons pas disputer sur les chiffres) de 70 à 75,000,000. En Angleterre, où le gouvernement n'a pas le monopole, le revenu, sur une consommation de 10,000,000 de kilos environ (la moitié de la consommation officielle de la France), était déjà, en 1837, de 3,417,663 liv. sterl., qui, au change modéré de 25 fr. 25, font au-delà de 86,000,000 de francs. — Ce rapprochement, on le voit, est instructif.

Le droit est, en Angleterre, de 8 fr. 50 par kilo fixe; Or, le chiffre élevé de la consommation en France devrait le faire réduire considérablement, par exemple, à 3 fr. par kilo fixe, et constituer ainsi, non seulement un avantage énorme pour le consommateur qui paierait son tabac de 30 à 50 p. 100 meilleur marché, mais encore un avantage très-important pour les importeurs français sur les importeurs anglais.

Voyons donc quels seraient les revenus du Trésor en prenant pour base la consommation officielle de 20,000,000 de kilos.

Nous disons la consommation officielle, car on estime que la contrebande l'augmente à peu près d'un tiers, et qu'elle s'élève ainsi annuellement à 30,000,000 de kilos.

Voici le tableau que nous empruntons à l'excellente brochure que M. Eugène Larrieu a publiée en 1845 sur cette question.

C'est son hypothèse la moins favorable que nous prenons, car il prouve qu'on pourrait abaisser le droit à 2 fr., et réduire ainsi le prix du tabac de 50 pour 100.

Nous prenons son calcul avec le droit fixe de 3 fr. par kilo :

1° Tabacs en feuilles des États-Unis d'Amérique, de Hollande, d'Allemagne, de Hongrie, d'Italie et d'Algérie, propres à la fabrication du tabac en poudre et du tabac à fumer ordinaire, 20,000,000 de kilos à 300 fr. pour 100 kil. de droits de douane (par navires français), ci. F.	60,000,000	
Décime.	6,000,000	
		66,000,000
2° Tabacs en feuilles de l'île de Cuba, Porto-Rico, Haïti, Amérique centrale et méridionale (Nouvelle-Grenade, Varinas, Brésil, etc.), de Java, de Manille, Grèce, Turquie d'Europe et d'Asie, pour la fabrication des cigares de choix et du scaferlati de première qualité, 2,000,000 kilos, à 600 fr. par 100 kil.	12,000,000	
Décime.	1,200,000	
		13,200,000
3° Cigares étrangers de la Havane, Manille, etc., 40,000,000 en nombre, au poids moyen de 5 kilos le mille, soit 200,000 kilos, à 20 fr. le kilo.	4,000,000	
Décime.	400,000	
		4,400,000
4° Droit sur le tabac fabriqué (Mémoire).		
5° Licences de fabrication, à 5,000 fr. par fabrique que nous portons à 200 au moins..		1,000,000
6° Licences des débitants, de 50 à 500 fr., sur 30,000 bureaux (nombre actuel), en moyenne à 200 fr. chacun.		600,000
Total.		90,600,000

C'est-à-dire une augmentation de 15 à 20 millions sur le revenu actuel.

Il faut ajouter à cela le produit des ports de lettres, timbre, droits de mutation, d'enregistrement, etc., qui seraient une augmentation positive dans le revenu, puisque maintenant ces produits ne peuvent pas exister.

Nous avons parlé de la contrebande. N'est-il pas raisonnable de penser qu'avec les améliorations que le commerce ferait apporter dans la qualité des tabacs, et un abaissement de droits qui pourrait faire réduire les prix de 40 à 50 pour 100, la majeure partie de cette consommation reviendrait au commerce ?

Nous n'insisterons pas. Il nous suffit de soumettre ces calculs à l'appréciation de chacun. Ils sont péremptoires. La crainte de voir diminuer les revenus du Trésor est un de ces épouvantails qu'on a coutume d'agiter devant ceux qui ont peur de tous les progrès, parce qu'ils ne les comprennent pas, ou qu'ils ont intérêt à ne pas les comprendre.

Mais voyons maintenant, pour revenir à nos idées, quelle serait l'activité développée par ce commerce s'il était libre, quel surcroît de travail il créerait ?

D'abord, il ne porterait préjudice à personne, parce que les fabriques particulières auraient immédiatement besoin des employés mêmes de la régie; et ce changement serait à leur avantage, car l'avénement des élèves de l'Ecole Polytechnique dans l'administration des tabacs a borné la carrière des employés, quelque intelligence qu'ils aient, ainsi que cela existe dans les ponts et chaussées pour les conducteurs.

Il n'y aurait donc pour eux que déplacement, et non désavantage dans leur position. L'industrie libre les occuperait immédiatement.

Ceci posé, recherchons quel serait le travail créé par l'abolition du monopole.

On évalue à 200 millions le mouvement qu'il faudrait pour alimenter ce commerce. Le chiffre des importations de tabac en France s'élevant annuellement à 50,000 boucauts, il faudrait, pour les transporter, 125 navires de 350 à 400 tonneaux environ. La navigation dite de cabotage s'en accroîtrait, par la masse considérable de tabac que l'on serait obligé de transporter d'un port à un autre.

De là découlerait :

L'établissement de nouvelles maisons pour faire ce commerce, lesquelles maisons paieraient patente et créeraient de nouveaux moyens de travail : travail de bureau, travail dans les ports, débarquement des tabacs, mise en magasin, sortie, rabattage des boucauts, etc., courtiers de tabacs, voyageurs de tabacs, etc., etc.

Nous n'avons voulu traiter cette question qu'incidemment, et seulement dans l'esprit qui a provoqué cette brochure. J'ose espérer qu'elle appellera l'attention. Le cadre que je me suis tracé ne comporte pas son développement ; elle me fournit seulement l'occasion de me prononcer comme un partisan dévoué et convaincu de la liberté du commerce. A mon avis, cette question économique a, dans ce moment-ci, toute la grandeur d'une question sociale ; et, dans la propagande que fait le parti modéré, il devrait peut-être s'efforcer d'en vulgariser la connaissance. Elle est destinée à devenir populaire lorsqu'elle sera comprise, et, le jour où elle sera comprise, elle aura vaincu.

Ainsi, la liberté pour le crédit, la liberté pour le commerce, voilà les deux éléments de notre future prospérité commerciale. C'est par l'application de ce principe de la liberté, que le commerce doit agrandir son domaine et appeler à lui toutes les intelligences qui maintenant s'en éloignent, parce que le champ est borné et les ressources déjà employées, sans qu'il y ait place pour les nouveaux venus.

Je sais que ces idées soulèveront bien des objections, et que, si on les applique, elles occasionneront bien des plaintes. On ne manquera pas de crier à l'arbitraire et à la spoliation, comme si les sacrifices mutuels, en face d'avantages communs, n'étaient pas une des conditions essentielles de la société !

Je place les besoins de la société bien au-dessus des besoins momentanés du gouvernement; et lors même qu'il aurait intérêt à maintenir le monopole de la Banque de France et le monopole des tabacs, au point de vue où je me suis placé, il ne devrait pas le faire. Car, à quoi a tendu cet écrit? J'ai constaté l'état social, et, après avoir reconnu que le domaine du travail était borné, j'ai cherché à l'agrandir en indiquant les améliorations à apporter à ses conditions. Mes réflexions m'ont amené à reconnaître, après avoir examiné les réformes à entreprendre pour l'industrie agricole, qu'on devait en réclamer aussi pour le commerce, et je les résume ainsi :

Éducation commerciale *primaire* faite par l'État ;

Éducation commerciale pratique à emprunter aux mœurs des peuples commerçants;

Organisation du crédit à l'aide du principe fécond de la liberté des banques ;

Abolition du monopole des tabacs, comme acheminement vers la liberté du commerce.

Je crois avoir signalé les causes du malaise social dans ce qu'elles ont de plus exact. Pour détruire ce malaise, j'ai indiqué les réformes qu'il est, je le crois, urgent d'entreprendre. La vérité, dépouillée de toutes les vagues ingéniosités dont on l'entoure, s'est révélée brutalement à nous, et nous l'avons traduite ainsi : L'agitation a été produite et est maintenue par ceux qui cherchent un lot, une position dans les résultats de cette agitation elle-même. Le lot, la position que l'agitation doit leur procurer, ils le pensent, il faut se mettre à l'œuvre pour les leur procurer, en reconstituant l'ordre et avec son aide. Que chacun apporte à cette entreprise sa bonne volonté et le sentiment de l'intérêt public.

« Tout se fait et doit se faire par une sorte de *transaction* dans les nouveautés politiques. » C'est ainsi que j'ai commencé cet écrit, c'est sur cette pensée que je le finirai.

Les révolutions n'éclatent que parce qu'on ne veut pas faire de concessions, et accorder une part à ces idées progressives qui effraient les vieilles sociétés et servent de révélation à l'avénement des nouvelles.

La question de l'amélioration du sort matériel de l'individu est celle qui domine la situation. Notre civilisation, qui n'a pas de précédents dans l'histoire, a créé une multitude de besoins raffinés qui réclament maintenant satisfaction. Ces besoins, au lieu d'être renfermés dans une seule classe favorisée par la fortune, se sont étendus à toutes les classes de la société. Après l'egalité politique est venue l'égalité de l'éducation, l'égalité des destinations, l'égalité des vanités, l'égalité des élégances, l'égalité de toutes les habitudes, mais en même temps l'impossibilité de pouvoir satisfaire également toutes ces égalités.

C'est de cette impossibilité que viennent tous nos troubles. En donnant à des carrières jusqu'ici négligées des attraits certains par les avantages dont on les ferait jouir, et par les résultats que ces avantages laisseraient prévoir, on aurait singulièrement simplifié la question. C'est notre conviction profonde.

Une éducation agricole et commerciale, *primaire et pratique,* telle est la modification que l'on doit au plus tôt faire subir à l'instruction que reçoit la génération qui s'élève. Le patronage et les encouragements de l'Etat à l'association des capitaux pour l'exploitation du sol, le remaniement de l'impôt de façon à le soulager des charges qui l'accablent, la création des banques agricoles, l'organisation du crédit commercial par la liberté des banques, le développement du commerce basé sur sa liberté : telles doivent être les *transactions* faites avec la génération actuelle, telles sont les satisfactions qu'elle doit réclamer.

« La multitude des médecins et des jurisconsultes, a dit » Platon, est la marque la plus certaine des désordres d'un

» Etat. » Il ne connaissait pas la multitude de ceux qui ne sont ni médecins ni jurisconsultes, mais qui ont l'esprit cultivé et agrandi, et qui, élevés dans toutes les sensualités intellectuelles, ont aussi pris l'habitude de toutes les sensualités physiques. Population inquiète et tourmentée par les désirs, qui, s'en prenant à la société de son impuissance, mêle dans ses rêves révolutionnaires les pensées d'un gentilhomme de la régence à celles d'un agitateur de carrefour.

C'est là la plaie. Il faut y porter remède, et ce ne sera que dans la rude discipline du travail que sera la guérison.

Rendons donc meilleures les conditions du travail agricole et commercial, pour qu'il devienne attrayant et puisse satisfaire de légitimes ambitions. C'est la vraie manière de l'organiser et de mettre un terme aux révolutions. Tentez, en traçant des voies faciles, tous ceux qui s'égarent dans des sentiers perdus, parce qu'ils trouvent les chemins remplis. Séduisez le courage et attirez la patience par l'abondance des ressources que vous offrirez. Sollicitez l'effort par l'appât de la récompense, et ne laissez plus s'agiter dans le vide toutes ces intelligences troublées par le besoin et ameutées par l'inaction.

Dans les réformes que je demande, je n'ai provoqué aucun bouleversement. J'ai voulu, en examinant la société telle qu'elle est, faire voir quels étaient, dans les éléments qui la composent, ceux qui devaient être modifiés. J'ai voulu indiquer de quelle manière on devait avoir le souci de répartir ses forces, quelles étaient les conditions dans lesquelles ces forces pouvaient s'organiser et se développer sans trouble et sans violence. Je crois que ce doit être, au moment où nous sommes, la préoccupation constante des bons citoyens. Ce n'est pas seulement, à mon avis, qu'il me soit permis de le dire, une de ces occupations volontaires que l'on s'impose dans les loisirs. Apporter son tribut d'effort à la reconstitution sociale, ce n'est pas, en effet, un droit facultatif, c'est un devoir impérieux.

Et, qu'on le sache bien ! l'oubli du devoir, qui est le fruit amer de l'indifférence, a été la principale cause de tous nos malheurs. C'est pour ne pas lui avoir obéi que nous avons été les esclaves de la force, ce serait pour l'avoir méconnu que nous pourrions devenir les esclaves du hasard. Si nous voulons être dignes de nos libertés, sachons accomplir les obligations qu'elles nous imposent. Les libertés publiques ne peuvent exister qu'en subordonnant à elles les libertés privées, et les intérêts privés ne peuvent être en sûreté que lorsque les intérêts publics sont satisfaits. Cette subordination des intérêts privés aux intérêts publics se trouve, pour ainsi parler, placée aujourd'hui au-dessus de la morale qui la commande ; elle nous est imposée par notre salut. C'est donc au nom de la liberté et des intérêts privés que nous conjurons d'entreprendre ces réformes, sans lesquelles la société pourrait un jour sombrer, comme ces vaisseaux entr'ouverts par des rescifs inattendus, quand l'équipage indifférent ou endormi ne veille pas au danger.

FIN.

www.ingramcontent.com/pod-product-compliance
Ingram Content Group UK Ltd.
Pitfield, Milton Keynes, MK11 3LW, UK
UKHW020956220726
13924UKWH00002B/719

9 782019 971816